Livre de Mathématiques

Niveau **CAP** en 2 ans

2ième année

Secteur : **Alimentation**

Ce livre appartient à :

Nom de famille .... Prénom ....

Du groupe : ....

« Le Code de la propriété intellectuelle et artistique n'autorisant, aux termes des alinéas 2 et 3 de l'article L.122-5, d'une part, que les « copies ou reproductions strictement réservées à l'usage privé du copiste et non destinées à une utilisation collective » et, d'autre part, que les analyses et les courtes citations dans un but d'exemple et d'illustration, « toute représentation ou reproduction intégrale, ou partielle, faite sans le consentement de l'auteur ou de ses ayants-droit ou ayants cause, est illicite » (alinéa 1er de l'article L. 122-4). Cette représentation ou reproduction, par quelque procédé que ce soit, constituerait donc une contrefaçon sanctionnée par les articles 425 et suivants du Code pénal. »

Auteur : Joseph Cuenca
Joseph Cuenca Edition
Copyright : © Joseph Cuenca Edition
Achevé d'imprimé en Août 2023
Dépôt légal : Août 2023
Imprimé par Amazon Italia Logistica S.r.l., Torrazza Piemonte (TO) , Italy
ISBN : 978-2-9584662-3-7

Sommaire

1. Chapitre : Rappel et Pourcentages par tranches 3
2. Chapitre : Devise 7
3. Chapitre : Fonction et Représentation graphique 12
4. Chapitre : Fonction linéaire 20
5. Chapitre : Equation 1° + révision 28
6. Chapitre : Problèmes du premier degré 31
7. Chapitre : Pourcentage indirect 38
8. Chapitre : Calculs commerciaux 47
9. Chapitre : Probabilité 54
10. Chapitre : Statistiques descriptive et analytique 60
11. Chapitre : Programmation et Outils Numériques 66

1. Chapitre : Rappel et Pourcentages par tranches

1.1. Définition

Un pourcentage par tranches s'applique lorsque le taux à appliquer est différent pour les différentes parties (ou tranches) de la valeur.

Les pourcentages par tranches sont appliqués dans le calcul : des ristournes de fin d'année, des commissions des représentants, de l'impôt sur le revenu….

Remarque : distinguer les deux situations

Chiffre d'affaire(C.A)	Taux de ristourne
Supérieure à 300	1%
Supérieure à 600	1,5%
Supérieure à 1 500	2%
Supérieure à 2 000	3%
Pourcentage unique	

Chiffre d'affaire(C.A)	Taux de ristourne
Entre 0 et 300	1%
Entre 300 et 600	1,5%
Entre 600 et 1 500	2%
Entre 1 500 et 2 000	3%
Au-dessus de 2 000	5%
Pourcentage par tranche	

1.2. Exemple

Une société de vente de matériels d'ustensiles de cuisine calcule les ristournes qu'elle accorde à ses clients en fonction du chiffre d'affaire réalisé.

Chiffre d'affaire(C.A)	Taux de ristourne
Entre 0 et 300	1%
Entre 300 et 600	1,5%
Entre 600 et 1 500	2%
Entre 1 500 et 2 000	3%
Au-dessus de 2 000	5%

Faire le calcul de la ristourne lorsque le chiffre d'affaire est de 1 765 .

On commence d'abord par tracer une ligne représentant le chiffre d'affaire : Notre chiffre d'affaire de 1765 se décompose donc en 4 parties :

1ère tranche : 300 – 0 = 300 euros

2e tranche : 600 – 300 = 300 euros

3e tranche : 1500 – 600 = 900 euros

4e tranche : 1765 – 1500 = 265 euros (attention : à cette tranche, il ne faut pas aller plus loin que le chiffre d'affaire, ici 1765 . On ne va donc pas jusqu'à 200 0)

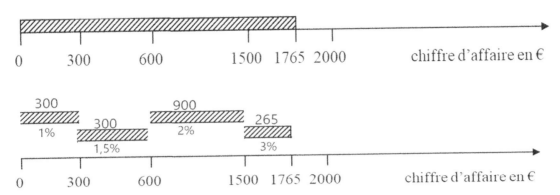

Ensuite on applique le pourcentage de ristourne associé à chaque tranche :

1ère tranche : 1% de 300 euros : $300 \times \frac{1}{100} = 3$ 2e tranche : 1,5% de 300 euros : $300 \times \frac{1,5}{100} = 4,5$

3e tranche : 2% de 900 euros : $900 \times \frac{2}{100} = 18$ 4e tranche : 3% de 265 euros : $265 \times \frac{3}{100} = 7,95$

Et enfin nous n'avons plus qu'à ajouter tous les résultats trouvés pour chaque tranche :

....

Avec un chiffre d'affaires de 1765, la société accorde une ristourne de ....

1.3. Exercice

1.3.1. Pour un salarié d'une pâtisserie dont le revenu net imposable est de 30 000, sans aucune réduction ni déduction souhaite calculer son impôt sur l'année passée ?

plafond	barèmes
Jusqu'à 10 225	0 %
De 10 226 à 26 070	11 %
De 26 071 à 74 545	30 %
De 74 546 à 160 336	41 %
Plus de 160 336	45 %

Tranches	Impôt partiel :	
....	....	....
....	....	....
....	....	....
....		

1.3.2. Un grossiste accorde à ses clients, sur les factures, des remises dont le taux est progressif.

- inférieur à 3 000 : remise de 0%   - de 3 000 à 6 000 : remise de 2%
- de 6 000 à 10 000 : remise de 4%   - au-delà de 10 000 : remise de 6%

Calculer la ristourne obtenue par un client dont les achats s'élèvent à 14 520.

1.3.3. Pour l'achat de produits surgelés, un boulanger reçoit de ses fournisseurs les deux offres suivantes :

Fournisseur Pedro :	Fournisseur Salvador : Tarif dégressif.
Prix unitaire 12. Remise de 2 %. pour une commande d'un montant de 500 à 1 000. Remise de 3% pour toute commande d'un montant supérieur à 1000	Prix unitaire : 12 pour les 50 premiers articles commandés, puis 4% de réduction pour les 50 articles suivants et 8% au-delà du centième.

a) Calculer le prix à payer si on commande 125 articles chez le fournisseur Pedro.

b) Calculer le prix à payer si on commande 125 articles chez le fournisseur Salvador.

1.3.4. Un boucher a acheté du mobilier pour un montant total de 13850. Son fournisseur lui a accordé une ristourne en fin d'année dont le taux est progressif :

- de 0 à 1 000 .... 1,5%   - de 1 000 à 3 000 .... 2%
- de 3 000 à 6 000 .... 2,5%   - de 6 000 à 10 000 .... 3%
- de 10 000 à 15 000 .... 4%   - au-delà de 15 000 .... 5%

Quel est le montant de la ristourne ?

1.3.5. Un courtier a convenu avec une compagnie d'assurance les conditions de rémunération suivantes :

- Commission fixe mensuelle : 1400
- Commission proportionnelle sur le chiffre d'affaire annuel :

2% sur les affaires traitées jusqu'à 150 000   3% sur les affaires traitées de 150 000 à 600 000
4% sur les affaires traitées de 600 000 à 1 500 000   5% sur les affaires traitées au-dessus de 1 50 0 000 .

Combien touchera cet intermédiaire au bout d'une année s'il a traité pour 1 650 000 d'affaires ?

2. Chapitre : Devise

2.1. Cours

2.1.1. Introduction de la notion

En préparation d'un voyage en Grande Bretagne, Pedro souhaite changer des Euros en Livres Sterling dans une banque française.

PAYS	DEVISE (code)	UNITE	ACHAT	VENTE
USA	Dollars US (USD)	1….	0,7300……	0,7700…..
G. BRETAGNE	Livre sterling (GBP)	1….	1,1400……	1,2099…..
JAPON	Yen (JPY)	1…	0,073……	0,077…….

Question n°1 : Dans le tableau ci-dessous, quelles sont les unités de mesure derrière les nombres.
Question n°2 : Pourquoi il y a un prix d'achat et un prix de vente ?
Question n°3 : Dans le tableau, entoure le prix qui concerne Pedro ?

Définition : une devise est une monnaie étrangère. Elle s'achète ou se vend comme tout objet. La banque achète à bas prix et vend au prix élevé. Comme le prix change tout le temps, on parle de cours.

Question n°4 : Pedro possède 3000 . Combien de Livres Sterling la banque va-t-elle lui remettre ?

Pedro est en	Les prix sont en	La banque va lui	Le prix
………………	…………………...	……… ces devises	est ……………
(France ou Angleterre ?)	(ou £ ?)	(acheter ou vendre?)	(élevé ou petit ?)

	Livre sterling £

Calcul :	Réponse :

2.2. Application

Diego possède 3000 £. Il est devant une banque française. Combien d'euros lui donnera-t-on en échange ?

PAYS	DEVISE (code)	UNITE	ACHAT	VENTE
USA	Dollars US (USD)	1	0,7300	0,7700
G. BRETAGNE	Livre sterling (GBP)	1	1,1400	1,2099
JAPON	Yen (JPY)	1	0,073	0,077

Diego est en .... (France ou Angleterre ?)	Les prix sont en .... (€ ou £ ?)	La banque va lui .... ces devises (acheter ou vendre?)	Le prix est .... (élevé ou petit ?)

	Livre sterling £

Calcul :	Réponse :

2.3. Exercice

2.3.1. Marco dispose de 3000 €. Il est devant une banque française car il doit payer un fournisseur japonais. Combien de Yen lui donnera-t-on en échange ?

PAYS	DEVISE (code)	UNITE	ACHAT	VENTE
USA	Dollars US (USD)	1	0,7300	0,7700
G. BRETAGNE	Livre sterling (GBP)	1	1,1400	1,2099
JAPON	Yen (JPY)	1	0,073	0,077

Marco est en ...., (France ou Japon ?)	Les prix sont en .... (€ ou ¥ ?)	La banque va lui .... des devises (vendre ou acheter ?)	Le prix est .... (élevé ou petit ?)

	¥

Calcul :	Réponse :

2.3.2. Tiago dispose de 5500 $. Il est devant une banque française. Combien de euros lui donnera-t-on en échange ?

PAYS	DEVISE (code)	UNITE	ACHAT	VENTE
USA	Dollars US (USD)	1	0,7300	0,7700
G. BRETAGNE	Livre sterling (GBP)	1	1,1400	1,2099
JAPON	Yen (JPY)	1	0,073	0,077

Tiago est en ...., (France ou USA ?)	Les prix sont en .... (€ ou $?)	La banque va lui .... des devises (vendre ou acheter ?)	Le prix est .... (élevé ou petit ?)

Calcul :	Réponse :

2.3.3. Silvio dispose de 5500 $. Il est devant une banque américaine. Combien de euros lui donnera-t-on en échange ?

PAYS	DEVISE (code)	UNITE	ACHAT	VENTE
Europe	Euros (EUR)	1	1,1000	1,2000
G. BRETAGNE	Livre sterling (GBP)	1	1,1400	1,3000
JAPON	Yen (JPY)	1	0,070	0,070

Silvio est en ...., (France ou USA ?)	Les prix sont en .... (ou $?)	La banque va lui .... des devises (vendre ou acheter ?)	Le prix est .... (élevé ou petit ?)

Calcul :	Réponse :

2.3.4. Kenzo dispose de 600 . Il est devant une banque japonaise. Combien de Yen lui donnera-t-on en échange ?

PAYS	DEVISE (code)	UNITE	ACHAT	VENTE
USA	Dollars US (USD)	1	11	12
G. BRETAGNE	Livre sterling (GBP)	1	14	15
France	Euros (EUR)	1	13	14

| Kenzo est en ...., (France ou Japon ?) | Les prix sont en .... (ou Yen ?) | La banque va lui .... des devises (vendre ou acheter ?) | Le prix est .... (élevé ou petit ?) |

| Calcul : | Réponse : |

2.3.5. Nino dispose de 200 000 Roupies. Il est devant une banque Indonésienne. Combien d'Euros lui donnera-t-on en échange ?

PAYS	DEVISE (code)	UNITE	ACHAT	VENTE
Europe	Euros (EUR)	1	15 500	16 000
G. BRETAGNE	Livre sterling (GBP)	1	17 000	18 000

| Nino est en ...., (France ou Indonésie?) | Les prix sont en .... (ou Roupies ?) | La banque va lui .... des devises (vendre ou acheter ?) | Le prix est .... (élevé ou petit ?) |

| Calcul : | Réponse : |

3. Chapitre : Fonction et Représentation graphique

3.1. Cours

Une fonction est un transformateur mathématique. C'est un calculateur.

Dans une boulangerie, le coût de production dépend du volume de production (charges variables) et des dépenses fixes (charges fixes).
On suppose qu'en boulangerie un apprenti coûte 120 par jour et que produire un pain coûte 0,50 .
Deux choses peuvent varier : le nombre de pain (on le note « x ») et le coût (on le note « y »).

3.1.1. Remplir le tableau qui exprime la fonction

....	......	0	200	500
Coût total de la boulangerie	y	......	......	......

3.1.2. Notion théorique

La fonction a un nom : souvent f et g.

départ	→	Arrivée
Nombre de pain	→	
......	→	......
......	→	......
......	→	......
......	→	......

Si la fonction s'appelle f	
x	y devient......

Si la fonction s'appelle g	
x	y devient......

3.1.3. La relation mathématique est l'expression algébrique de la fonction.

Nombre de pain	→	Coût
200	→	
200	→	
x		
x	→	

....

....

....

3.1.4. La représentation graphique

Ecrire à la bonne place sur le graphique $f(x)$, x, C_f, D_f, et f

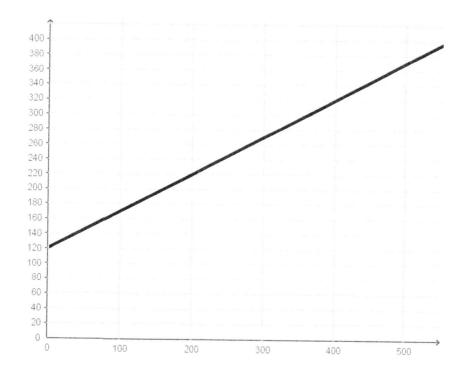

3.2. Application

Exemple 1 : Soit la fonction f, qui à x fait correspondre $f(x)$, telle que : $f(x) = 4 \times x + 5$. Calculer $f(5)$
La résolution se fait en colonne !

Exemple 2 : Soit la fonction g, dont l'expression $g(x)$ est telle que : $g(x) = 4 \times x + 5$.
Déterminer $g(x) = 37$

3.3. Exercice

3.3.1. Soit la fonction f, définie pour tout x telle que : $f(x) = -4 \times x + 10$. Calculer $f(5)$

On cherche ……….. car on donne…

……………………………	……………………………
……………………………	……………………………
……………………………	……………………………
……………………………	……………………………
……………………………	……………………………
……………………………	……………………………
……………………………	……………………………
……………………………	……………………………
……………………………	……………………………

3.3.2. Soit la fonction f, définie pour tout x telle que : $f(x) = \dfrac{400}{x} + 10$. Calculer $f(10)$

On cherche ……….. car on nous dit que ………vaut ……….

……………………………	……………………………
……………………………	……………………………
……………………………	……………………………
……………………………	……………………………
……………………………	……………………………
……………………………	……………………………
……………………………	……………………………
……………………………	……………………………

3.3.3. Soit la fonction g, définie pour tout x telle que : $g(x) = -2 \times x - 100$.
Calculer $g(x) = 300$

On cherche ……….. car on nous dit que ……….vaut ………..

3.3.4. Soit la fonction f, définie pour tout x par : $h(x) = -3x + 20 - x$.
Résoudre $h(x) = -4$

On cherche ……….. car on nous dit que ……….vaut ………..

3.4. La représentation graphique

3.4.1. Etude d'une représentation graphique

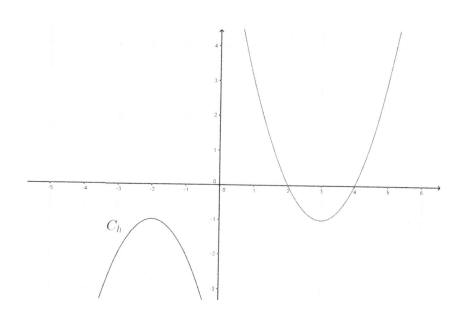

3.4.2. Rappel :

a) L'image ci-dessus est un ……………… dans lequel on trouve une ……………… ………………
Les axes et le quadrillage composent un repère.

b) Placer, dans l'image ci-dessus, les signes suivants : x ; $f(x)$; f ; Cf si c'est possible.

c) Placer les points A (3 ; 4) ; B(4 ; 3) ; C(-3 ; 1) et D(0 ; 2)

d) Pour le point A le terme (0 ; 2) s'appelle les ………………………………
………………………………
………………………………
………………………………
………………………………
………………………………
………………………………
………………………………

e) Déterminer graphiquement f(5)

....
....

La démonstration de votre réponse doit être écrite par des traits de recherche dans le repère

f) Résoudre graphiquement h(x) = −2

....
....

On remarque que dans cas-là, il y a deux réponses : les solutions sont : {−1 ; −3 }

3.4.3. Problème :

Pedro a observé que ses bénéfices y sont fonction de sa fréquentation x. Il a noté quelques valeurs dans le tableau. La fonction se nomme f.

Fréquentation (clients)			20	30	40	35	50
Bénéfice ( )		0	240	440	560		600

a) Quelle grandeur choisissez-vous de mettre en abscisse ? (justifiez)
....
....

b) Si la fonction qui permet de trouver le bénéfice à partir de la fréquentation s'appelle f, veuillez remplir le tableau ci-dessus.
c) Placer les couples de point dans le repère, à partir du tableau.

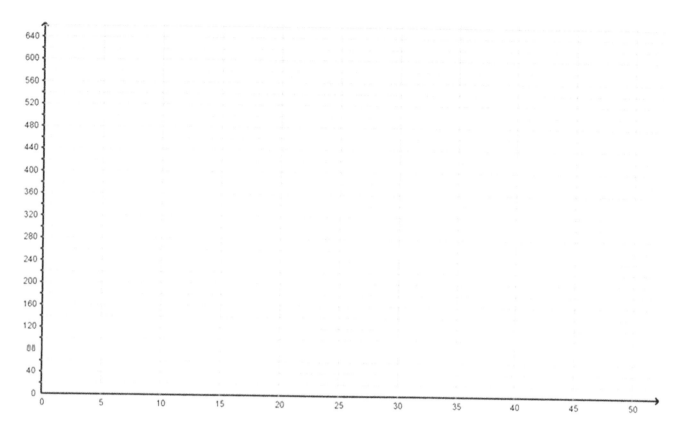

d) Tracer la courbe qui représente cette situation. (Entre les points on dit qu'on interpole et, au-delà des extrémités, on dit qu'on extrapole).

e) Déterminer graphiquement combien de client assure un bénéfice nul ? Compléter le tableau.

....

f) Déterminer graphiquement quel est le bénéfice si il y a 35 clients. Compléter le tableau.

....

4. Chapitre : Fonction linéaire

4.1. Cours

Situation :	
Gino	Mario
Gino est boulanger. Sa recette est proportionnelle à ses ventes. Prix unitaire 1,20	Mario est cuisinier à domicile. Il facture son travail 40 /h et ajoute toujours une 50 à la facture pour le déplacement

Tableau :							
Gino				Mario			
x : Nombre de pains	100	200	250	x : Durée (h)	?	4	5
y : Recette ( )				y : Facture			

Proportionnalité des situations (avec le tableau)	
Gino	Mario
Donc la recette .... au volume de vente	Donc le tarif .... à la durée
Quand on est dans une situation de proportionnalité, le tableau fait apparaître des divisions au résultat égal.	

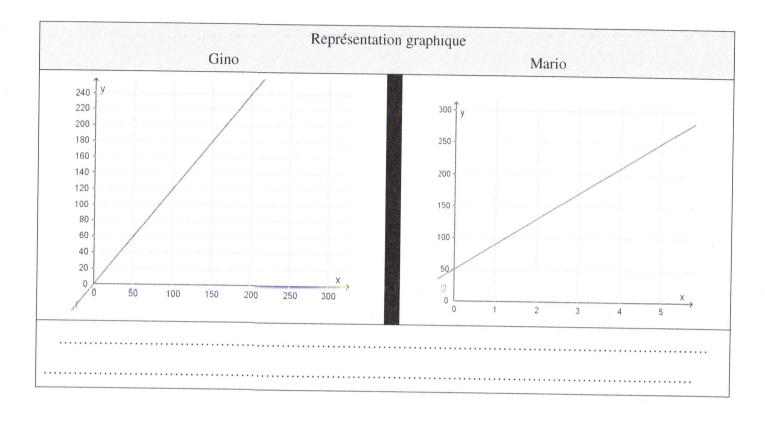

Représentation graphique	
Gino	Mario

La relation algébrique	
Gino	Mario
la relation entre x et y :	la relation entre x et y :
....	....

Exemple :	
Quelques exemples	Dire si OUI, c'est proportionnel Ou NON, ce n'est pas proportionnel
$0,5 \times x = y$	Oui
$\dfrac{1}{6} \times x = y$	
$\dfrac{x}{10} = y$	
$y = 45,5\, x$	
$\dfrac{10}{x} = y$	
$x^2 = y$	
$2 + x = y$	
$0,5 \times x + 2 = y$	
$2 \times y = x$	

Coefficient de proportionnalité	
Gino	Mario
Il vaut …………… Il est dans une bulle au bord du tableau et il s'appelle ………………………………… Il est dans la relation : ………………………	Il n'y en a pas.

La fonction	
Gino	Mario
J'appelle f la fonction qui permet de trouver le prix avec le nombre de pain Alors y est remplacé par $f(x)$ Si une fonction représente une situation de proportionnalité on parle de ………………………………………… et son expression algébrique est de la forme ………………………	Si une fonction NE représente PAS une situation de proportionnalité on NE parle PAS de fonction linéaire et son expression algébrique n'a PAS la même forme

4.2. Exercice

4.2.1. Déterminer graphiquement un antécédent ou une image

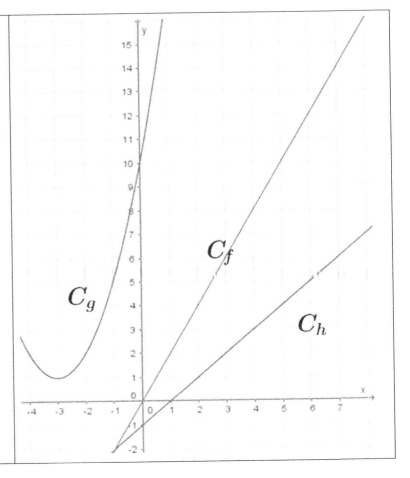

a) Dans le graphique ci-contre, on voit la courbe C_g. Donner le nom de la fonction qui est représentée par cette courbe.

....

b) La courbe C_h permet de relier les valeurs x avec les valeurs $h(x)$. Si x vaut 5, combien vaut alors $h(5)$? Laissez les traits de recherche sur le graphique

....

c) Si $h(x)$ vaut 5, combien vaut alors x ? Laissez les traits de recherche sur le graphique

....

d) Résoudre graphiquement (mais sans laisser de traits) $f(x) = 10$

....

e) Déterminer graphiquement (mais sans laisser de trais) $f(6)$

4.2.2. Soit une fonction f telle que $f(x) = 5 \times x + 4$. Déterminer $f(4)$

4.2.3. Soit une fonction f telle que $f(x) = 5 \times x + 4$. Résoudre $f(x) = 44$

4.2.4. Déterminer grâce au graphique suivant les noms des fonctions linéaires

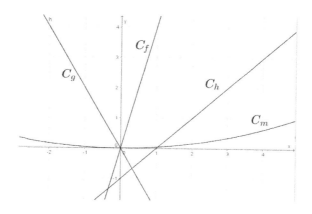

4.2.5. Comment reconnait-on que ces fonctions sont des fonctions linéaires ?

....

4.2.1. Comment reconnait-t-on une relation algébrique qui correspond à une situation de proportionnalité ?

> ....

4.2.2. Mettre une croix en face des fonctions linéaires :

$f(x) = 2x + 4$	f	
$g(x) = -2x$	g	
$h(x) = \dfrac{2}{x}$	h	
$k(x) = 0{,}2 \times x$	k	
$2x^2 = p(x)$	p	
$q(x) = (4+5).x$	q	

4.3. Hugo tient une black cuisine. Il vend chaque canette 2,25 . Il vend aussi des hamburgers 3 mais facture toujours 1 au client, quel que soit le nombre de Hamburger comme participation au recyclage des déchets d'emballage.

a) Calculer le prix total pour 3 canette ....

b) Calculer le prix total pour 3 hamburgers ....

c) Compléter le tableau suivant

Canettes	x	0	1	3	4
Prix	$f(x)$				

hamburger	x	1	2	3	7
Prix	$g(x)$				

d) Est-ce que le prix des canettes est proportionnel au nombre de canettes ? (justifier)

....

e) Est-ce que le prix des hamburgers est proportionnel au nombre de hamburgers ? (justifier)

....

f) Mettre une bulle au bord du tableau qui est proportionnel et inscrire le coefficient de proportionnalité

....

g) Quelle relation algébrique permet de faire les calculs du prix pour le tableau des canettes ?

h) Quelle relation algébrique permet de faire les calculs du prix pour le tableau des hamburgers ?

....

i) On donne les représentations graphiques des prix en fonction du nombre de canettes et des hamburgers. Ecrire, sur le repère, le nom de chacune des courbes.

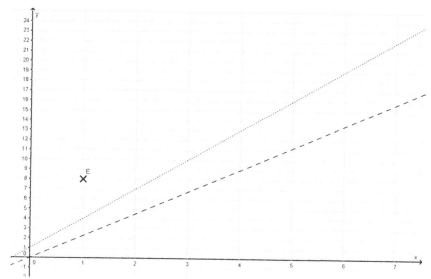

j) Donner les coordonnées du point E placé dans le repère fourni..........................
k) Déterminer graphiquement le prix de 5 canettes.

....

l) Résoudre algébriquement $g(x) = 28$

....

m) Déterminer algébriquement $f(10)$

....

5. Chapitre : Equation 1° + révision

5.1. Rappel de cours et définition

Une équation est une égalité comportant une inconnue x.

$$2 \times x = 15 \times x + 7$$

$$2 \times \ldots = 15 \times \ldots + 7$$

Résoudre une équation, c'est trouver la valeur de x pour laquelle l'égalité est satisfaite.
Cette valeur est la solution de l'équation.
Méthode : il faut isoler x dans un membre

Deux Règles déjà connues sont :

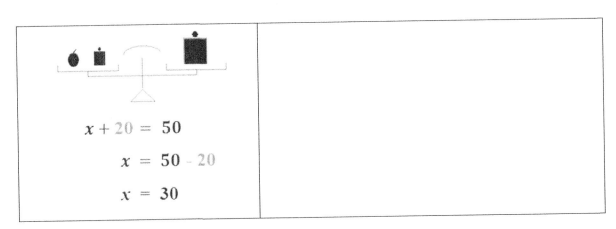

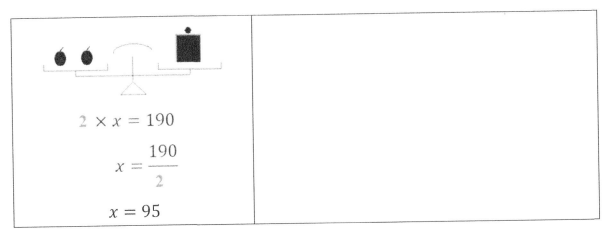

A retenir :
- Les multiplieurs /diviseurs bougent seulement s'ils travaillent sur tout un côté.
- On envoie les x du côté où il y en a le plus.
- On veut l'inconnue sans signe « − ».

5.2. Application

$$-2x + 15 = 3x \qquad \text{Règle n° 1}$$

....

....

....

....

....

5.3. Exercice : Résoudre les équations suivantes

$10 + 2 \times x = 14$	$-2 \times x = 17 + 13$	$-22 - 2x = -34$	$(7 + x) = \dfrac{30}{3}$
$a + 12 = 25$	$b - 12 = 25$	$55 - 30 = c$	$14 + d = 12 - 28$
$14 - e = 17$	$2 \times f = 36$	$\dfrac{h}{2} = 48$	$\dfrac{48}{i} = 12$
$2k - 15 = 25$	$-l + 5 = 12$	$-3m + 15 = 147$	$\dfrac{3n}{-4} = 12$

6. Chapitre : Problèmes du premier degré

6.1. Cours

6.1.1. Situation de départ

Hugo, Mario et Luigi sont trois apprentis. Le patron ne dispose que de 2000 à leur reverser en guise de salaire. Cependant, Hugo est le plus ancien et il gagne 57 de plus que Mario. Luigi, pour sa part, est le plus jeune et il gagne 169 de moins que Mario. Combien chacun va-t-il gagner ?

Pablo 💰 + 57 €   Mario 💰   Luigi 💰 − 169 €

$$💰 + 57€ + 💰 + 💰 - 169€ = 2000€$$
$$3\,💰 + 57€ - 169€ = 2000€$$
$$3\,💰 = 2000 + 169 - 57$$
$$3\,💰 = 2112$$
$$💰 = \frac{2112}{3}$$
$$💰 = 704$$

Mario gagne : 704 ; Hugo gagne 704 + 57 = 761 ; Luigi gagne 704 − 169 = 535

6.1.2. Remarque :

Remarque 1 : on calcule avec des valeurs inconnue.

Remarque 2 : pour éviter les fractions, il faut essayer de choisir la plus petite quantité comme inconnue.

Remarque 3 : On remplace les dessins par x.

6.1.3. A retenir : le plan

1 : Choisir l'inconnue (j'appelle x la quantité....)
2 : Mise en équation (traduction français-algèbre)
3 : Résolution (de l'équation)
4 : Vérification (des résultats)
5 : Réponse (à la question)

6.1.4. Traduction : Diego a reçu x de salaire

Quelle opération donne le salaire de Salvador qui a touché le double ?	
Quelle opération donne le salaire de Juan qui a touché le tiers de ce qu'a perçu que Diego ?	
Quelle opération donne le salaire de Salvador qui a touché un cinquième du salaire de Diego ?	
Quelle opération donne le salaire de Antonio qui a touché 100 de plus que Diego ?	
Quelle opération donne le salaire de Angelo qui a touché trois fois moins que Diego ?	

6.2. Deux Applications guidée pour faire deux modèles

6.2.1. Cas où le « = » est à la fin.

Trois serveurs se partagent 1221 de pourboire : Ly am gagne la moitié de ce que touche Sam. Sam touche le quart de ce que touche Tom. Combien gagnent-ils chacun ?

Choix de x	J'appelle x l'argent que Lyam a gagné
Equation	Brouillon : *Lyam gagne :* *Sam gagne :* *Tom gagne :* ....
Résolution	
Réponse	L'argent de Lyam = …… L'argent de Sam = …… L'argent de Tom = ……
Vérification	

6.2.2. Cas où le « = » est au milieu.

Avec le bénéfice de la semaine, je peux distribuer 6 chèques vacances à 4 de mes employés et j'ai encore 274 dans la main. Sinon Je peux distribuer 5 chèques vacances à chacun des 8 employés et il me reste 50 dans la main. **Combien vaut un chèque vacances et à combien s'élève le bénéfice de la semaine ?**

Choix de x	J'appelle x le montant d'un chèque vacances
Equation	Brouillon :
Résolution	
Réponse	Le bénéfice de la semaine est de …….
Vérification	

6.3. Exercice

6.3.1. Silvio paye avec 3 tickets resto et 6 Le trajet Lyon Grenoble pour aller faire du ski. Juan donne 5 tickets resto et 2 pour le même trajet. Combien valent les tickets resto. Combien coûte le trajet.

Choix de x	
Equation	
Résolution	
Réponse	

Vérification	

6.3.2. Dans l'entreprise de Marco il y a 100 salariés. Sachant qu'il y a six fois plus de pâtissiers que de vendeurs et trois fois plus de boulangers que de vendeurs. Calculer le nombre de Boul, Pât et Vend. (Boulanger, Pâtissier et vendeurs)

Choix de x	
Equation	
Résolution	
Réponse	
Vérification	

6.3.3. Le personnel d'une grande chaîne de boulangerie établissement hôtelier est composé de 86 personnes : deux directeurs, des sous-chefs, des pâtissiers, des boulangers. Il y a quatre fois moins de sous-chefs que de pâtissiers et neuf fois plus de boulangers que de sous-chefs. Déterminer le nombre de sous-chefs, pâtissiers et boulangers.

Choix de x	
Equation	
Résolution	
Réponse	

Vérification	

6.3.4. Trois électriciens ont effectué les installations électriques dans des appartements différents. Le premier a fait deux cinquièmes du nombre total d'appartements, le second a fait un cinquième des appartements plus 8 appartements, le dernier a fait les 16 appartements qui restent. Calculer le nombre total d'appartements ?

Choix de x	
Equation	
Résolution	
Réponse	
Vérification	

6.3.5. Votre camion de livraison est rempli au deux cinquième de sa capacité (ce qu'il peut porter au maximum). On peut encore ajouter 420 kg pour atteindre la charge maximale. Quelle est cette charge maximale ?

Choix de x	
Equation	
Résolution	

Réponse	
Vérification	

6.3.6. On confie à trois cuisiniers (Diego, Mario, Paolo) la tache de réaliser des plats différents. Pedro en réalise quatre. Mario réalise la moitié de tous les plats. Paolo réalise un quart de tous les plats et un de plus. Calculer le nombre total de plats. En déduire, pour chaque cuisinier le nombre de plats réalisé.

Choix de x	
Equation	
Résolution	
Réponse	
Vérification	

6.3.7. Jo, Jack, William et Avrel ont tous un an d'écart et la somme de leur âge est de 106 ans. Quel est l'âge de Jo (le plus vieux et le plus petit).

6.3.8. Pour préparer un cocktail, on a un saladier de 18 L. Il faut trois fois plus de soda que de rhum, et deux fois plus de jus de fruits que de rhum. Calculer les volumes à mettre dans le saladier.

6.3.9. Quatre salariés se partagent 1484 de pourboires. Trouvez la part de chacun sachant que le second arrivé dans l'entreprise a 27 de moins que le premier, que le troisième a 27 de moins que le second et ainsi de suite jusqu'au quatrième.

6.3.10. Vous retrouvez un groupe de clients avec votre marchandise. Vous avec avez calculé que le coût du déplacement est serait amorti par une participation de 40 par client. Au dernier moment, 6 clients étant absents, vous demandez à chacun 44,80 . Calculez le nombre de clients finalement présents.

6.3.11. Pour aller dans un club de cinéma Silvio a le choix entre deux formules :

Soit il prend un abonnement de 45 et paye l'entrée 3,5 .

Soit il paye l'entrée 5 .

Au bout de combien d'entrées, les deux formules ont-elles un coût équivalent

6.3.12. Pour aller dans un club de cinéma Boris a le choix entre deux formules : Soit il prend un abonnement de 45 et paye l'entrée 3,5 . Soit il paye les entrées au prix unitaire de 10 . A partir de combien d'entrée les deux méthodes sont équivalentes ? Au bout de combien d'entrées à la première formule est plus coûteuse ?

6.3.13. Le réservoir d'une voiture est rempli aux deux cinquième de sa capacité (volume maximum). Il faut ajouter 42 L d'essence pour qu'il soit plein. Quelle est la capacité du réservoir?

6.3.14. Une entreprise occupe 153 personnes. Sachant qu'il y a trois fois plus de pâtissier que de boulangers et six fois plus de pâtissiers que de vendeurs, calculer le nombre de boulangers, pâtissiers et vendeurs employés dans cette entreprise.

6.3.15. Un moule à portion individuelle (de mini cake) est rempli aux sept neuvième de sa capacité. Il reste 20 portions individuelles (vide) pour le remplir complètement. Quelle est la capacité de ce moule à mini cake?

6.3.16. Une entreprise occupe 320 personnes. Sachant qu'il y a trois fois plus d'hommes que de femme, calculer le nombre d'hommes et le nombre de femmes employés dans cette entreprise.

6.3.17. Pour une recette en boulangerie, la température de base est de 65°C. Ce matin, la température est de 24°C. La farine au stock est de 15°C. Quelle est la température de l'eau ?

7. Chapitre : Pourcentage indirect

7.1. Cours

Situation 1 : Durant les soldes, Silvio a acheté un jeans pour 147. Il était plus cher au départ, mais s il a été **soldé de 25%**. Quel était son prix de départ.	Avant :
	Après :
Situation 2 : Durant ces soldes, Mario a acheté un jeans. Il était avant les soldes à 196 mais il a bénéficié de **25% de solde**. A quel prix Mario a-t-il pu l'acheter ?	Avant :
	Après :

Conclusion : il faut améliorer la procédure

		%
Départ ou base		**100**
+ augmentation Ou − réduction		
= Résultat		

7.1.1. Situation 1 : Durant les soldes, Marco a acheté un jeans pour 147. Il était plus cher au départ, mais il était soldé à 25%. Quel était son prix de départ.

		%
Départ		**100**
+ augmentation Ou − réduction		
= Résultat		

....

....

7.1.2. Situation 2 : Durant ces soldes, Mario a acheté un jeans. Il était avant les soldes à 196 mais il a bénéficié de 25% de solde. A quel prix Mario a-t-il pu l'acheter ?

		%
Départ		**100**
+ augmentation Ou − réduction		
= Résultat		

....

....

7.2. Différentiation pédagogique : exercice de rappel sur les pourcentages direct.

7.2.1. Martin négocie le prix des pommes pour ses tartes. Au départ elles sont à 8,50 la cagette, mais il parvient à une réduction de 12%.
   7.2.1.1. Quelle est le montant de la réduction (valeur arrondie au centime) ?
   7.2.1.2. Quelle est le prix d'achat Net ?

		%
Départ		
+ augmentation Ou − réduction		
= Résultat		

....

....

7.2.2. Diego doit augmenter sa production de sandwiches pour satisfaire une demande qui augmente en saison estivale de 30 %.

    7.2.2.1. Sachant qu'il fabrique habituellement 180 sandwiches, combien de sandwiches devra-t-il fabriquer en plus ?

    7.2.2.2. A combien de sandwiches s'élèvera sa productions totale en été ?

		%
Départ		
+ augmentation Ou − réduction		
= Résultat		

....

....

7.3. Différentiation pédagogique : exercice de pourcentage indirect accompagné par étapes

  7.3.1. Marco décide d'offrir le montant de la TVA à ses clients en guise de geste commercial à la faveur de l'image de son restaurant. Un client lui tend sont ticket de caisse dont le montant est de 68 TTC.

    7.3.1.1. Sachant que la TVA est de 10% dans la restaurant, quelle est le montant de la TVA ?

    7.3.1.2. Quel est le montant de son encaissement ?

		%
Départ		
+ augmentation Ou − réduction		
= Résultat		

....

....

7.3.2. Ronaldo souhaite savoir quel est le PVHT d'un hamburger vendu au PVTTC de 10 , selon qu'il est vendu pour être consommé sur place ou à emporter.

7.3.2.1. Sachant que le pourcentage de TVA des plats à consommer sur place est de 10 % ; quel est le montant de la TVA pour ce sandwich ?

7.3.2.2. Quel est alors le prix de vente hors taxe PVHT de ce sandwich à consommer sur place ?

		%
Départ		
+ augmentation Ou − réduction		
= Résultat		

....

....

7.3.2.3. Sachant que le pourcentage de TVA des plats à emporter est de 5 % ; quel est le montant de la TVA pour ce sandwich ?

7.3.2.4. Quel est alors le prix de vente hors taxe PVHT de ce sandwich à emporter ?

		%
Départ		
+ augmentation Ou − réduction		
= Résultat		

....

....

7.4. Exercice d'application directe

7.4.1. Marco a une augmentation de salaire journalier de 11 %. Il était de 63 . Quel sera son nouveau salaire ?

		%
Départ		
+ augmentation Ou − réduction		
= Résultat		

....

....

7.4.2. Mario avait mis en vente son litre de vin. Ne trouvant pas d'acheteur, il en baisse le prix de 30 . Quel est le pourcentage de baisse du prix ?

		%
Départ		
+ augmentation Ou − réduction		
= Résultat		

....

....

7.4.3. Kenzo doit rembourser la TVA à son client qui est un professionnel. Mais le client ne dispose que d'information partielle : retrouver le montant de la TVA ?

		%
Départ		
+ augmentation Ou − réduction		
= Résultat		

....

....

7.4.4. Silvio a augmenté de 225 le prix de vente de son séjour pour prendre en compte la hausse du coût de l'énergie. Cela correspond à 15 % d'augmentation. Quel est le nouveau prix de vente de son séjour ?

		%
Départ		100
+ augmentation Ou − réduction		
= Résultat		

....

7.4.5. Paolo a un prix de vente hors taxe de 234 . Il se fait une marge de 26 . Quel est le pourcentage de marge qu'il se fait ?

		%
Départ		100
+ augmentation Ou − réduction		
= Résultat		

7.4.6. Pedro a 405 de cout d'achat. Ses frais d'achat sont de 15 . Quel est son Prix d'achat ?

		%
Départ		100
+ augmentation Ou − réduction		
= Résultat		

7.4.7. Marco achète un blouson hors taxe au PVHT de 216 durant son voyage en France. Au retour dans son pays, il déclare son blouson en douane et après s'être acquitté de la TVA, son blouson lui aura coûté finalement 248,40. Quel est le pourcentage de TVA dans son pays ?

		%
Départ		100
+ augmentation Ou − réduction		
= Résultat		

....

....

7.4.8. Juan a payé sa chemise au PVTTC de 67,10, avec un pourcentage de TVA de 22 %. Quel est le PVHT ?

		%
Départ		100
+ augmentation Ou − réduction		
= Résultat		

....

....

7.4.9. Fabio se fait une marge nette de 11 % sur ses produits. Sa marge nette est de 6,93 . Quel est son PVHT ?

		%
Départ		**100**
+ augmentation Ou − réduction		
= Résultat		

....
....

8. Chapitre : Calculs commerciaux

8.1. Cours

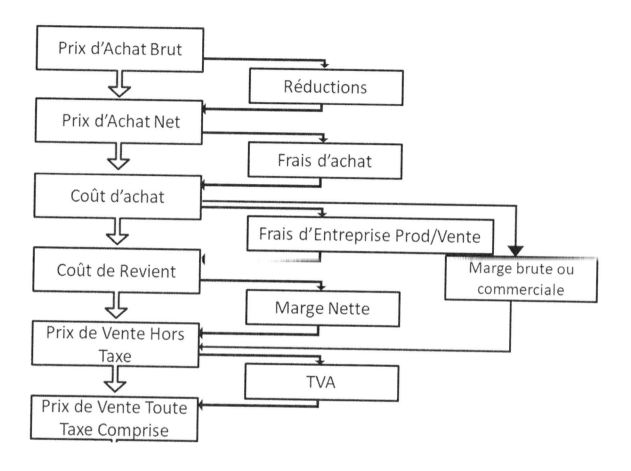

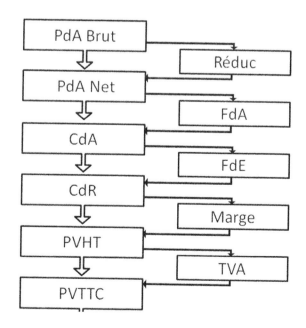

8.2. Définition

Le Prix d'Achat Brut PdA Brut est le prix d'achat des matières premières AVANT toute négociation.
Les Réductions sont le Rabais, la Ristournes, l'Escompte et la Remises.
Le Prix d'Achat Net PdA Net est le prix d'achat des matières premières APRES toute négociation.
Les Frais d'Achats FdA sont tous les frais à ajouter pour la phase d'achat (transport, emballage, taxes douanières…)
Le Coût d'Achat CdA exprime ce que les achats ont coûté.
Les Frais d'Entreprise FdE sont les dépenses pour l'énergie, la main d'œuvre, la structure, l'amortissement des outils, les frais de vente…
Le Coût de Revient CdR représente tout ce qu'on dépense au final pour produire la marchandise et la présenter au client.
La Marge Nette représente le bénéfice
Le prix de Vente Hors Taxe PVHT est le prix auquel le patron souhaite vendre la marchandise.
La Taxe sur la valeur ajoutée TVA est une taxe imposée par l'état, prélevée par le vendeur auprès du client qui la paie.
Le Prix de vente Toute Taxe Comprise PVTTC est le prix payé finalement par le client.

8.3. Exercice

8.3.1. Dans un hôtel à l'étranger, Malo loue une chambre au PVTTC de 150 Dollars. Le PVHT est de 120 Dollars. Il faut qu'il récupère la TVA. Quel en est le taux en Malaisie ?

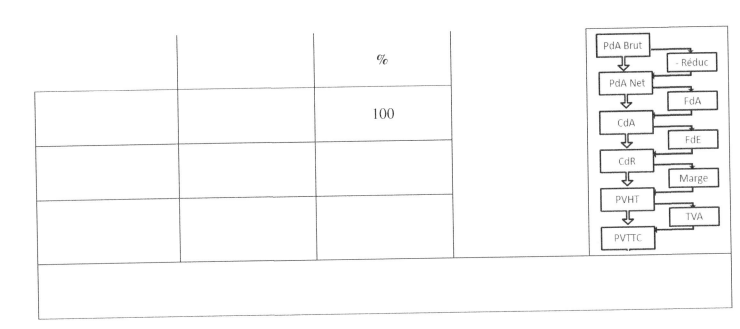

		%
		100

8.3.2. Après une négociation, Mario a fait passer le prix de ses matières premières de 1700 à 1500. Quelle est le pourcentage de réduction ?

		%
	100	

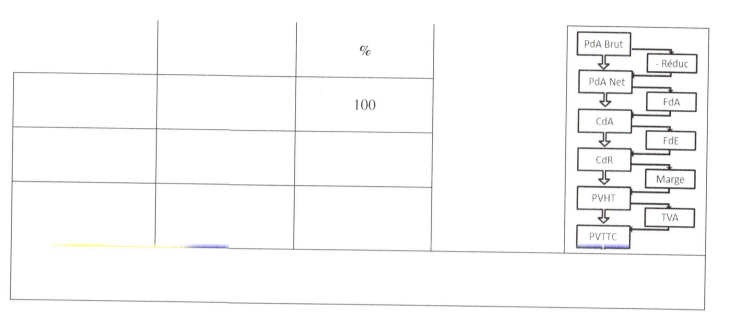

8.3.3. Dans sa boutique située à l'étranger, Kenzo vend ses croissants au PVTTC de 5 dollars US. Le PVHT est de 4 dollars US. Quel est taux de TVA ?

		%
	100	

8.3.4. Sur un menu la TVA est de 20%. Le PVTTC est de 24. De combien est le PVHT ?

		%
		100

8.3.5. Pour un banquet, ma marge est de 400 et correspond à 5%. Quel était le prix de vente hors taxe ?

		%
		100

8.3.6. Pour un banquet, le coût d'achat est de 360 et les frais d'achat sont de 12%. De combien est le prix d'achat Net

		%
		100

8.3.7. Auprès de mon fournisseur, je suis passé d'un prix d'achat brut de 88 à un prix d'achat net de 77. Quel pourcentage de réduction ai-je obtenu ?

		%

8.3.8. Mon fournisseur propose une caisse de foie gras pour 120. J'ai obtenu le prix de 96. Mes frais de production sont de 50%. Mon coût de revient ne doit pas dépasser 180. Quel est le pourcentage des frais d'achat ?

		100

		100

		100

Réponses

8.3.9. Un cuisinier achète ses légumes chez un paysan. Normalement le paysan vend ses légumes à 150 (pour une masse donnée).

- Le cuisinier obtient une réduction de 10%
- L'ensemble de ses dépenses en entreprise est estimée à 102,60
- Une fois qu'il a cuisiné ses légumes et pris en compte ses dépenses, elles lui reviennent à 359,10
- Le PVHT de ses légumes est de 398,60
- La TVA est de 20 %

Calculer : remplir tout le tableau, (nom et montant en euro ou %). Les pourcentages n'ont pas de chiffre après la virgule

8.3.10. Un artisan accueille un commercial pour des matières premières au prix d'achat brut de 1000.

- Sa marge est de 376,20
- Ses frais d'entreprise sont de 209%.
- Ses négociations lui permettent une réduction de 50,00.
- La TVA est de 20%
- Ses frais d'achats (transport) sont de 95,00

Remplir chaque pointillés avec des Lettres et des Nombres - Les calculs seront faits au brouillons

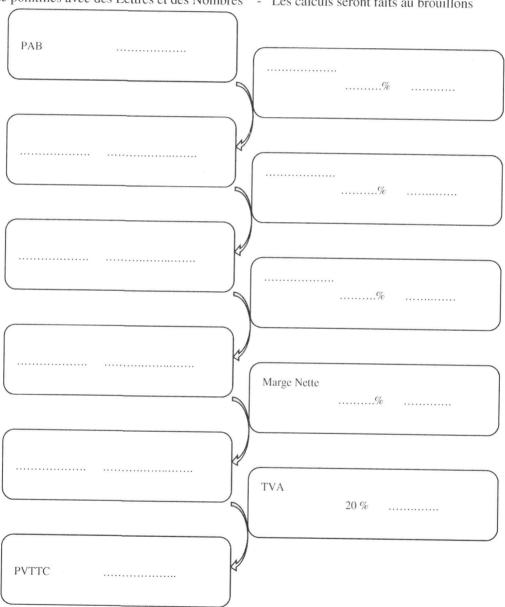

9. Chapitre : Probabilité

9.1. Cours

• Je lance une fois, un dé à 6 faces.
• Un samedi, entre 12h et 14h, je choisis un client au hasard.

→ Cette action est …………………………..

→ Obtenir au hasard un nombre pair (ou sélectionner au hasard un client qui soit une fille) est des issues donc une possibilité parmi toutes les autres. C'est …………………………

→ Une …………………………..est le résultat d'une expérience

→ Une issue est le fruit du hasard. L'expérience est dite ………………………………..

→ L'ensemble de toutes les issues : { 1 ; 2 ; 3 ; 4 ; 5 ; 6 }) s'appelle …………………………**Ω.**

Le terme de résultat étant réservé au nombre, les issues peuvent être aussi des couleurs etc.

→ Soit A l'événement « obtenir un nombre pair ». Soit B « l'événement obtenir un nombre impaire ». Avoir un nombre qui soit dans l'ensemble A et dans l'ensemble B n'est pas possible. Ces deux ensembles d'événements sont
…………………………..
Etre dans A et dans B est impossible s'écrit :

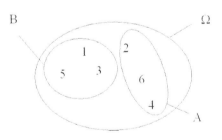

L'intersection de A et B est vide :

A est inclus dans Ω : $A \subset \Omega$
B n'est pas inclus dans A : $B \not\subset A$
$A \cap B = \varnothing$
→ L'événement contraire de A se note avec une barre : ……

9.2. Application n°1

Avec un dé à 6 faces.

Soit A l'événement « tirer un nombre STRICTEMENT plus grand que 4»

Soit B l'événement « tirer un nombre plus petit OU EGALE à 3 »

Expliciter les événements A, B.	
Quelle est la probabilité que A puis que B se réalisent ?	
Expliciter l'événement A+B	
Nommons A ∪ B cet événement. Quelle est sa probabilité	
remarque	

9.3. Application n°2

Avec un dé à 6 faces. Soit A l'événement « tirer un nombre strictement plus grand que 3 »

Soit B l'événement « tirer un nombre pair ».

Soit $A \cup B$ l'événement « tirer un nombre pair ou plus grand que 3»

Expliciter les événements A, B.	
Expliciter l'événement A ∪ B	
Quelle est la probabilité que A puis que B se réalisent ?	
Quelle est la probabilité de A ∪ B	
Expliciter l'intersection A∩B	
Relier $p(A \cup B), p(A)$ et $p(B)$?	

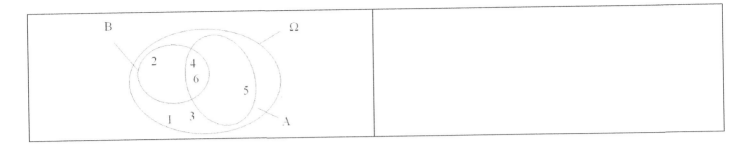

9.4. Fréquences et Probabilités : Loi faible des grands nombres

L'idée est que dans une suite d'expérience successive identique, (pile ou face avec une pièce), plus on répète l'expérience, et plus ce qui est prévu se réalise.

Lancé de pièce de monnaie Si je souhaite avoir la face ! :

Nombre de lancé	1	2	10	100	1000	10000	Infini
Nombre d'apparitions	0	0	7	60	540	4950	/
Fréquence en %	0	0	0,7	0,6	0,54	0,495	0,5

__Lorsqu'une expérience est répétée un grand nombre de fois, la fréquence de réalisation d'un évènement se rapproche d'une valeur particulière : la probabilité de cet événement. Ici__ $p(face) = \frac{1}{2}$

9.5. Exercice de référence

9.5.1. Le cas des ensembles qui se croisent

Soit la clientèle d'un hôtel :

		Nationalité			
		Anglais	Français	Espagnol	Allemand
Type familial	Avec enfants	37	39	7	2
	Sans enfants	6	6	2	1

On assimile fréquence et effectif. L'expérience aléatoire consiste à tirer au hasard une famille.

Quelle est la probabilité de chacun des évènements suivants :

A «la famille est anglaise »,

B « la famille a des enfants »,

C «la famille est anglaise et a des enfants » ?

Réponse :

p(A) = P(« la famille est anglaise ») = ……………………..

p(B) = P(« la famille a des enfants ») = ……………………..

p(C) = P(« la famille est anglaise et a des enfants ») = ……………………..

9.5.2. Cas des expériences successives mais identique

Un commercial visite au hasard des clubs (1 client) de retraité en Suisse. Il a une chance sur quatre de convaincre son client.

a) Quelle est la probabilité qu'il parvienne à convaincre trois clubs de suite sur trois visites ?

b) Quelle est la probabilité d'avoir un échec, un succès puis un échec sur trois visites?

c) Quelle est la probabilité d'avoir un succès sur trois visites ?

Réponse : Soit A l'événement « Succès » Soit B l'événement « Echec»

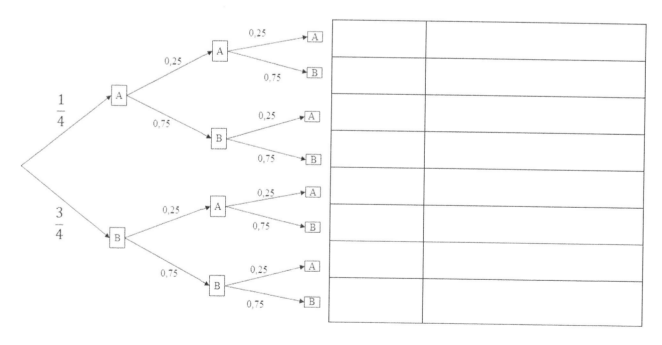

Soit {A ; A ; A} l'événement « avoir trois succès de suite ». $P(\{A ; A ; A\}) =$

Soit {B ; A ; B} l'événement « avoir un échec, un succès puis un échec sur trois visites ». $P(\{B ; A ; B\}) = \ldots$

Soit C l'événement « d'avoir un succès sur trois visites ».

9.5.3. Cas des expériences à deux paramètres

Sur un groupe de 20 personnes, 10 personnes s'intéressent à la pêche, 8 à la lecture et 5 à rien. On désigne au hasard 1 personne du groupe. Calculer la probabilité pour qu'elle s'intéresse :

a) à l'une au moins des deux activités

b) aux deux activités

Réponse : Soit A l'événement « la personne s'intéresse à la pêche»

Soit B l'événement « la personne s'intéresse à la lecture »   Il vient :

$A \cup B$ est l'événement « la personne s'intéresse à la pêche **ou** à la lecture »

$A \cup B$ est l'événement « la personne s'intéresse à l'une au moins des deux activités »

$A \cap B$ est l'événement « la personne s'intéresse à la pêche **et** à la lecture »

$p(A) = \ldots\ldots$ $p(B) = \ldots\ldots$ $p(A \cup B) = \ldots\ldots$ $p(A \cup B) = \ldots\ldots$

La probabilité pour que la personne s'intéresse à l'une des activités au moins :

9.6. Exercices d'entraînement

9.6.1. Gâteau

Nous disposons de 55 gâteaux. 8 sont au chocolat, 12 sont aux fruits. 37 gâteaux n'ont ni chocolat ni fruits. Quelle est la probabilité de prendre au hasard un gâteau au chocolat et avec des fruits ?

Réponse :

9.6.2. Mailing

Un hôtel décide de faire du mailing à l'aveugle à un fichier client en offrant un séjour pour lui vendre d'autres prestations. Son cœur de cible est une femme de plus de 65 ans.

Tout ce qu'il sait est la répartition suivante :

	Femme	Homme
Moins de 15 ans	175	195
15-24 ans	121	133
25-34 ans	122	128
35-44 ans	138	143
45-54 ans	134	137
55-64 ans	122	123
65-74 ans	82	75
75 ans et plus	106	66

On considère au hasard un individu dans cette population

a) Déterminer la probabilité de chacun des événements suivants :

« La personne est âgée de 24 ans au plus »

« La personne est âgée de 64 ans au plus »

« La personne est âgée de 65 ans et plus »

« Toucher son cœur de cible. »

9.6.3. Client menteur

Un client ment au cours d'un entretient une fois sur cinq. On lui pose une série de 10 questions. Qu'elle est la probabilité qu'il mente à trois questions ? Qu'elle est la probabilité qu'il mente à une question ? Quelle est la probabilité pour que le formulaire soit parfaitement fiable ?

Réponse :

Pour les autres c'est pareils :
$p(mentir\ trois\ fois) =$
$p(mentir\ une fois) =$
$p(mentir\ jamais) =$

10. Chapitre : Statistiques descriptive et analytique

10.1. Cours – Rappel Statistiques descriptive

10.1.1. CAS 1 : On étudie un groupe d'apprentis à qui on demande combien ont-ils de cousins

Nombre de cousins	Nombre d'apprentis
0	4
1	10
2	7
3	6
4	3
Effectif total	**30**

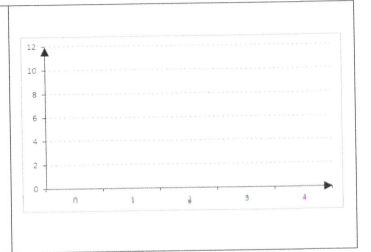

Quel est le caractère ? ....

A quoi correspond la colonne de droite ? ....

Quels est l'effectif total ? ....

Caractériser le caractère ? ....

Dans ce cas quel est le diagramme qui représente ce tableau ? ....

10.1.2. CAS 2 : On a demandé combien de temps les apprentis révisaient leurs leçons chaque soir

Durée des révisions quotidiennes (en min)	Nombre d'apprentis
[0 ; 60 [	9
[60 ; 120 [	18
[120 ; 180 [	3
Effectif total	**30**

Quel est le caractère ? ....

Celui qui travaille 60 min appartient au groupe des 9 ou à celui des 18 apprentis ? ....

A quoi correspond la colonne de droite ? ....

Quels est l'effectif total ? ....

Caractériser le caractère ? ....

Dans ce cas quel est le diagramme qui représente ce tableau ? ....

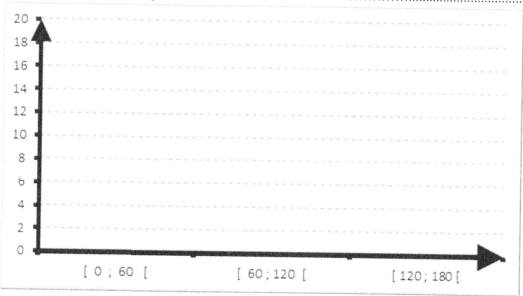

10.1.3. CAS 3 : On a demandé aux apprentis le type d'émission TV préférée

Type d'émission TV préférée des apprentis	Nombre d'apprentis	
Humour	10	
Séries	7	
Films	3	
Documentaires	4	
Jeux	4	
Spectacles/musiques	2	

Quel est le caractère ? ....

Caractériser le caractère ? ....

Quels est l'effectif total ? ....

Dans ce cas quel est le diagramme qui représente ce tableau ? ....

A quoi correspond la colonne de droite ? ....
Construire le diagramme circulaire correspondant.

10.2. Statistiques analytique

10.2.1. Fréquence

On a demandé à 28 familles : « Combien avez-vous d'enfants ? »

Nombre d'enfants	Effectif	Fréquences (%) à 1 décimale près	Fréquences à 3 décimales près
0	4		
1	8		
2	10		
3	6		
Total	28	100	1

La fréquence en % signifie ....

La fréquence   signifie ....

10.2.2. Effectif Cumulée Croissant

Montant (en)	Nombre d'employés	ECC
150	5	
300	10	
450	8	
600	12	
Total	35	

1) Combien d'employés reçoivent une prime inférieure à strictement 450 ? ....

2) Combien d'employés reçoivent une prime inférieure ou égale à 450 ? ....

3) Combien d'employés reçoivent une prime inférieure ou égale à 300 ? ....

4) En déduire le nombre d'employés recevant une prime strictement inférieur à 150 ? ....

10.2.3. Moyenne

Calculer la note moyenne de cet élève dont les notes sont dans ce tableau :

note	copies
9	2
11	1
12	2
13	1

Réponse :

A retenir : La moyenne permet de résumer l'ensemble des valeurs de la série par un seul nombre.

La moyenne m d'une série statistique est donnée par la formule :

$$moyenne = \frac{Caractère\ N°1 \times effectif\ N°1 + Caractère\ N°2 \times effectif\ N°2 \ldots}{Effectif\ total}$$

note	copies
Caractère N°1	effectif N°1
Caractère N°2	effectif N°2
Caractère N°3	effectif N°3
Caractère N°4	effectif N°4
	Effectif total

10.3. Application

caractère	Effectif
0	4
1	8
2	10
3	6

Réponse :

Le maximum d'une série statistique désigne est le caractère le plus fréquent. Ici, le maximum est …… enfant(s)

10.4. Exercice

10.4.1. Les tailles des 24 garçons d'un club de football, en centimètres, sont :

169 – 179 – 161 – 168 – 172 – 171 – 169 – 160 – 165
163 – 171 – 169 – 177 – 160 – 176 – 161 – 174 – 164
166 – 178 – 176 – 179 – 161 – 168

a) Quel est le caractère étudié ?

....

b) Quelle est sa nature ?

....

c) Quel est l'effectif total ? ....

d) Reproduire et compléter le tableau ci-contre

Tailles (en cm)	Effectifs	Fréquence (au centième)	Fréquence (en %)
[160 ; 165[			
[165 ; 170[			
[170 ; 175[			
[175 ; 180[			

10.4.2. On a demandé aux 25 élèves d'une classe de CAP quel était le genre de musique qu'ils préféraient :

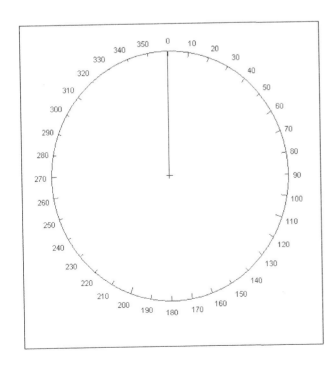

Rap : R, **Danse** : D, **Pop** : P, **Classique** : C.

Les réponses sont :
R D D C D D R R P R D R R P P R R P P R P D D

Compléter le tableau suivant pour rassembler les données.
Représenter les valeurs de cette série par un diagramme circulaire.

Musique	Rap	Danse	Pop	Classique	Total
Effectifs					
Angles (en °)					

10.4.3. Un sondage d'audience TV réalisé auprès de 800 personnes pendant les trois derniers mois de l'année 2005 a donné les résultats suivants :

Durée d'écoute par jour (en heures)	Effectif	Fréquences (en %)	ECC
2	136		
4	496		
6	142		
8	26		
Total			

Quel est le caractère étudié ? ....

Est-il quantitatif ou Qualitatif ? ....

Combien de personnes regardent la télévision 4h par jour ou moins ? ....

10.4.4. Les tailles de douze enfants du même âge et du même sexe sont :

148 ; 157 ; 129 ; 145 ; 135 ; 138 ; 141 ; 153 ; 140 ; 147 ; 151 et 143 cm. Calculer la taille moyenne ?

....

....

10.4.5. Ci-dessous se trouve les notes d'un élève :

Calculer la note moyenne et Détailler un des calculs.	Valeur du caractère	Effectif
....	0	12
....	1	11
....	2	14
	3	3

10.4.6. Un grand magasin a étudié le nombre de pannes d'un type de lave-linge survenues la première année suivant la vente :

Nombre de pannes	0	1	2	3
Nombre de lave-linge	28	15	8	5

Calculer le nombre moyen de pannes. ....

11. Chapitre : Programmation et Outils Numériques

11.1. Programmation Scratch

Etablir un projet, fixer l'objectif, établir les contraintes, faire émerger les difficultés des élèves puis procéder à la réalisation avec remédiation en activité.

Ex : A chaque fois qu'un nombre pair apparait au hasard, le mot gagner doit apparaître

11.2. Excel

Etablir un projet, fixer l'objectif, établir les contraintes, faire émerger les difficultés des élèves puis procéder à la réalisation avec remédiation en activité.

Ex : dans une liste d'élève, avec une note, on doit faire écrire le mot bravo et donner le prénom de l'élève ainsi que la moyenne de la classe.

Printed by Amazon Italia Logistica S.r.l.
Torrazza Piemonte (TO), Italy